伟大的开端

中共一大纪念馆
上海东方宣传教育服务中心 编

文 / 卢 雨　王莉韵　　图 / 谢小艳

编委会

薛 峰　李 刚　缪宏才　阮 俊　宋依璇

范伟成　刘 芳　吴 凡　邹 斌　朱蓓靓

罗 红　唐 煜　卢 雨　王莉韵　邹 楠

1921年,是中国历史上具有标志性的年份。这一年的7月23日,在上海法租界望志路106号(今兴业路76号)一栋石库门住宅里,中国共产党第一次全国代表大会召开。从此,中国有了共产党,这是中国开天辟地的大事件。

让我们把时光回溯到1840年……

当时的西方头号资本主义强国英国在全球范围内加紧进行侵略扩张和殖民掠夺，借口中国禁止鸦片，发动了对中国的侵略战争，史称第一次鸦片战争。1842年8月，战败的清政府被迫签订了中国近代史上第一个不平等条约——中英《南京条约》。

此后，西方列强对中国发动了多次侵略战争，包括第二次鸦片战争、中法战争、中日甲午战争、八国联军侵华战争等，签订了《天津条约》《北京条约》《马关条约》《辛丑条约》等一系列不平等条约，中国面临被帝国主义列强瓜分的严重危机。

为了挽救国家和民族的危亡，中国人民进行了英勇的抗争和艰苦的探索。太平天国运动、戊戌变法、义和团运动等探索和斗争虽然在一定程度上推动了中国社会的进步，却都未能改变中国的社会性质和人民的悲惨命运。

无数仁人志士,为民族独立而英勇顽强地斗争着。国人越来越认识到,只有推翻清政府的反动统治,中国才有出路。孙中山先生就是不断探求救国救民道路、奋勇抗争的杰出代表。

孙中山带领革命党人先后发动了十多次武装起义,扩大了革命影响。1911年10月10日,武昌起义的枪声再度打响,很快得到了全国各地的响应,形成了席卷全国的革命浪潮,清政府的统治土崩瓦解。这一年是农历辛亥年,这次革命被称为"辛亥革命"。

"辛亥革命"推翻了统治中国2000多年的封建帝制,建立了中国乃至亚洲历史上第一个共和制国家,传播了民主共和的理念,促进了中华民族的思想解放,深刻影响和推动了近代中国的变革,但胜利果实很快被袁世凯窃取。

　　1915年9月，参加过辛亥革命的陈独秀在上海创办《青年杂志》（后改名为《新青年》）。它传播先进的思想，凝聚有识之士，在思想文化领域掀起以民主、科学为旗帜的新文化运动，吹响了思想启蒙的号角。

　　1917年，北京大学校长蔡元培聘请陈独秀等有新思想的学者来校任教，《新青年》编辑部也迁到北京。北京大学和《新青年》编辑部成为新文化运动的主要阵地。

1917年，俄国爆发十月社会主义革命，建立苏维埃政权，成为人类历史上的划时代事件。十月革命一声炮响，给中国送来了马克思列宁主义。这场革命震动了全世界，也鼓舞了中国人民和中国的先进分子。中国先进分子从马克思列宁主义的科学真理中看到了解决中国问题的出路。

由于中国在巴黎和会上的外交失败,1919年5月4日,北京学生3000多人在天安门前举行抗议集会,声讨北洋政府的卖国行径。由此,以学生斗争为先导的五四运动爆发。随后,上海、北京、唐山等地的工人相继举行罢工,许多大中城市的商人举行罢市,形成罢工、罢课、罢市的"三罢"高潮。

五四运动是全国范围的群众性反帝爱国运动,中国工人阶级开始以独立的姿态登上政治舞台,促进了马克思主义在中国的广泛传播,促进了马克思主义同中国工人运动的结合,为中国共产党成立做了思想上和干部上的准备。

1919年，李大钊在《新青年》杂志上连续发表《我的马克思主义观》。这是比较系统地介绍马克思主义的文章，马克思主义在中国进入比较广泛的传播阶段。

远在湖南的青年毛泽东同样是《新青年》杂志的忠实读者,他主编的《湘江评论》也热情歌颂十月革命的伟大胜利,促进了马克思主义在中国的早期传播。

1920年初,为躲避敌人的追捕,李大钊迎着鹅毛大雪,乘坐带篷骡车,护送陈独秀悄悄离开北京,途中酝酿着在中国建立共产党组织。他俩约定:一个在北京,一个在上海,分别做建党的准备。这就是中国共产党创建过程中的"南陈北李,相约建党"。

1920年春,一位身着长衫的中年人,带着行李走进上海环龙路上的老渔阳里2号(今南昌路100弄2号)。他就是被毛泽东誉为"五四运动总司令"的陈独秀。上海一系列建党的准备工作,有许多是在这里完成的。在风云激荡的20世纪20年代,许多重要的历史人物就聚合在老渔阳里2号。

1920年春，浙江师范第一学校国文教员陈望道在老家潜心翻译《共产党宣言》。当时翻译《共产党宣言》须绝对保密，为此陈望道在矮小僻静的柴房里工作，里边放两条板凳，搁上一块铺板当写字台。他白天靠着窗口透进来的亮光，对照英文及日文版原文，或默读揣摩，或挥笔疾书，晚上则点上煤油灯继续。据说他工作全神贯注，竟不自觉地把母亲送来的一碟粽子蘸上墨汁吃到嘴里。母亲进屋收拾碗碟时，发现他竟是满嘴乌黑，而红糖原封未动。母亲既好笑又好气，便问："红糖甜不甜啊？"一心译稿的陈望道浑然不觉，头也不抬地回答："甜，真甜。"原来在中国共产主义者心中，真理的味道比红糖还甜。

陈望道完成了《共产党宣言》的翻译工作。1920年8月,第一本《共产党宣言》中文全译本1000册印成并很快售罄,对当时先进分子树立马克思主义的信仰,发挥了极其重要的作用。

与此同时,共产国际代表维经斯基也秘密来到上海,加快了陈独秀等人的建党步伐。1920年8月,第一个共产党早期组织正式成立。随即为培养革命青年,在新渔阳里6号成立了全国第一个团组织——上海社会主义青年团,随后各地共产党早期组织和团组织纷纷成立,为中国共产党的创建播下了革命的火种,深刻影响了进步青年的思想转变。

工人
資本家

上海社会主义青年团组织建立后,向各地分发团章和信件,要求建立团的组织,并经常与北京、广州、武汉等地互通情况,交流经验。

让我们再回到望志路 106 号，这栋老式的石库门建筑……

1921 年 7 月 23 日晚，中国共产党第一次全国代表大会在这里秘密召开。参加会议的代表有：上海的李达、李汉俊，北京的张国焘、刘仁静，长沙的毛泽东、何叔衡，武汉的董必武、陈潭秋，济南的王尽美、邓恩铭，广州的陈公博，旅日的周佛海；包惠僧受陈独秀派遣，出席了会议。他们代表着当时全国 50 多名党员。共产国际代表马林和尼克尔斯基也参加了这次大会。

7月30日晚,代表们正在开会时,一名陌生男子突然闯入会场,环视一周后又匆忙离去。他的举动引起大家警觉,会议被迫中止。大部分代表迅速撤离。十几分钟后巡捕包围和搜查会场,但查无所获。

最后一天的会议转移到浙江嘉兴南湖的一艘游船上继续进行。大会通过了中国共产党第一个纲领，选举了中央领导机关，宣告了中国共产党的正式成立。

中国共产党于民族危机中诞生,带领人民前赴后继,英勇奋斗,终于结束了被侵略、受压迫的历史,迎来了民族独立和人民解放。1949年10月,毛泽东主席在天安门城楼上向世界庄严宣布:"中华人民共和国中央人民政府今天成立了。"广大人民成为国家的主人,苦难的中华民族终于站起来了!

新中国成立后，中国共产党带领全国人民自力更生、艰苦奋斗、改革开放、创新发展，各行各业取得了前所未有的成就。经过长期努力，今天的中国已经成为世界第一大工业国，创造了人类发展史上的奇迹。以习近平总书记为核心的党中央团结带领中国人民，踏上全面建设社会主义现代化国家新征程，一个充满生机和希望的中国巍然屹立在世界的东方。

从石库门到天安门,从兴业路到复兴路,在百年波澜壮阔的历史进程中,中国共产党紧紧依靠人民,跨过一道又一道沟坎,取得一个又一个胜利,带领中国人民从站起来、富起来到强起来。历史照亮未来,在党的正确领导下,我们一定能够战胜一切艰难险阻,创造新的时代辉煌。

图书在版编目(CIP)数据

伟大的开端/中共一大纪念馆，上海东方宣传教育服务中心编. — 上海：上海教育出版社，2023.9
ISBN 978-7-5720-0750-7

Ⅰ.①伟… Ⅱ.①中… ②上… Ⅲ.①中国共产党 - 党史 - 青少年读物 Ⅳ.①D23-49

中国国家版本馆CIP数据核字(2023)第167073号

责任编辑　邹　楠　戴燕玲
装帧设计　谢小燕

Weida de Kaiduan
伟大的开端
中共一大纪念馆　上海东方宣传教育服务中心　编

出版发行　上海教育出版社有限公司
官　　网　www.seph.com.cn
地　　址　上海市闵行区号景路159弄C座
邮　　编　201101
印　　刷　上海盛通时代印刷有限公司
开　　本　890×1240　1/16　印张 3.5
版　　次　2024年5月第1版
印　　次　2024年5月第1次印刷
书　　号　ISBN 978-7-5720-0750-7/D·0007
定　　价　68.00元

如发现质量问题，读者可向本社调换　电话：021-64373213